8 minutes pour être en forme

jouvence
EDITIONS

Du même auteur aux Éditions Jouvence

Être tonique, 2004
L'écoute, avec la collaboration de David Feldman, 2002
Gérer ses performances, 2000
Se régénérer le corps et l'esprit, 2000

Extraits du catalogue « Pratique Jouvence »

Respirez pour mieux vivre, Olivier et Sandra Stettler, 2004
Le secret des auto-massages chinois,
Olivier et Sandra Stettler, 2003
Pratique de l'auto-hypnose, Bernard Raquin, 2002
La thérapie vocale, Philippe Barraqué, 2001
Se relaxer pour mieux vivre,
Jean-Dominique Larmet, 2001
Massage détente, Catherine Maillard, 1998
Bien dormir, enfin !, Marie-France Muller, 1998
La pause de 90 secondes, Rolf Herkert, 1996
Renaître par le souffle, Désiré Mérien, 1994

Catalogue Jouvence gratuit sur simple demande.
ÉDITIONS JOUVENCE
Suisse : CP 184, 1233 Genève-Bernex
France : BP 90107, 74161 Saint-Julien-en-Genevois Cedex
Site internet : **www.editions-jouvence.com**
E-mail : info@editions-jouvence.com

Maquette & mise en page : Éditions Jouvence
Illustrations intérieures & couverture : Jean Augagneur

ISBN 2-88353-429-2

Sommaire

À Jean-Paul II

Introduction

Qui ne désire pas être en forme ? On dit de quelqu'un qu'il a l'air en forme. En général sa mine, sa silhouette, son entrain, son dynamisme, sa bonne humeur nous renseignent pour faire cette affirmation. Cette notion de forme est donc proche de cet état qui est sous-tendu par la santé. Celle-ci, au départ, était une acception du domaine médical et était surtout entendue par « santé du corps ». Peu à peu, les définitions se sont élargies et sous le vocable santé est compris, selon l'OMS[1], un état de bien-être physique, bien sûr, mais aussi psychique et social.

Cet élargissement des définitions est dû à une recherche scientifique qui, pour mieux comprendre le fonctionnement de l'être humain, a tout d'abord découpé ce dernier en petits morceaux. Se trouvant limités et mesurant l'importance des relations entre les différentes parties, les chercheurs ont tenté d'additionner ce qu'ils avaient séparé. Or le fonctionnement d'un tout

---

1. Organisation mondiale de la Santé.

n'est pas toujours le fonctionnement de petits bouts ajoutés. Nous le verrons, ceci peut avoir des incidences lorsque l'on veut mettre en pratique des savoir-faire, pour entretenir sa forme par exemple…

Il est heureux tout de même que la notion de santé tienne compte du physique, du psychisme, du social. Nous rajouterions ce qui n'apparaît pas encore dans les définitions courantes : du spirituel.

Plutôt que de partir d'études juxtaposées, notre démarche va débuter par une meilleure compréhension de l'être humain, être unique, libre, en mouvement.

Ce livre se veut avant tout un guide pratique et donc de nombreux exercices vous seront proposés sous forme de *stratégies.* Celles-ci ne sont pas une liste d'exercices mis les uns à la suite des autres parce que chacun d'eux semble faire du bien. Ils reposent sur une logique. Une logique d'un être humain à la fois corps et esprit en mouvement, au milieu des rythmes du monde qui l'environne. Il s'agit bien de « stratégies » à différencier du mot « programme ».

Un *programme* constitue une séquence d'actions prédéterminées. Il s'accomplit dans un environnement comportant très peu d'aléas ou désordres. Il ne peut se modifier ni s'arrêter en cas d'imprévu ou de danger.

La *stratégie* se fonde sur un examen des conditions à la fois déterminées, aléatoires, incertaines, dans lesquelles va s'engager l'action en vue d'une finalité donnée. La stratégie peut modifier le scénario d'actions prévues, en fonction des informations arrivant en cours de route, inventer de nouveau scénarios.

Au fil des pages, vous pourrez vous insérer dans l'esprit du livre et ainsi parvenir aux exercices en vous les appropriant pleinement, en les intégrant dans votre vie quotidienne.

Chapitre I

8 minutes suffisent

Répondons au questionnement soulevé par le titre : comment un temps aussi court peut-il nous aider à une quelconque action sur notre état de forme ?

Bien souvent cette question montre l'incompréhension, voire le mépris. Nous avons le paradoxe suivant : dans un monde où l'on accepte de gagner du temps partout, il ne semble pas concevable, de manière sérieuse, de proposer un temps aussi court pour sa santé. Ceci n'est pas faux si nous considérons le temps prescrit comme un temps publicitaire, volontairement réduit pour séduire le client, trop attractif pour être vrai et donc, en réalité, ne reposant sur rien, entendu scientifiquement.

Derrière cette question se cache la méconnaissance de ce qu'est l'homme. C'est-à-dire que nous ne connaissons pas ce que nous croyons connaître ! Cette idée provient d'une opinion issue de la pensée scientifique matérialiste.

L'homme serait une superbe mécanique, un corps – ne dit-on pas vulgairement d'une jolie femme : « Quel beau châssis ? » – et un superordinateur, son cerveau. Ainsi, telle une voiture de Formule 1 qui, pour être performante, doit faire des milliers de tours, l'homme, pour être en forme, devrait faire des milliers d'exercices, répétés mécaniquement. Chaque pièce de son corps devrait être travaillée un certain nombre de fois. Ainsi l'entretiendrait-on en pratiquant des exercices. Dans la salle de musculation, il faudrait réaliser 10 répétitions de 20 contractions du biceps droit, la même chose pour le biceps gauche, puis passer aux dorsaux… L'après-midi, le footing ou le vélo permettraient de développer le système cardiovasculaire. Étant un peu tendu, il conviendrait d'envisager des techniques de relaxation. Considérer chaque muscle de son corps, son système physiologique et si possible même un simple dosage de psychisme, le tout en 8 minutes, paraît difficilement envisageable.

Si vous pensez que l'être humain est cette superbe machine, en effet, ce temps est infiniment trop court.

Avez-vous observé les pattes avant d'un écureuil ? Il est loin d'avoir le volume d'un Monsieur Muscle. Mais cet écureuil casse une noisette du premier coup et en quelques secondes. Demandez à Monsieur Muscle d'en faire autant. Le secret ne réside pas dans la puissance concentrée dans ses « petits bras ». Il sait reconnaître les lignes de moins grande force et ainsi fait céder la coque. Ainsi, soit nous suivons ou nous tentons de comprendre les lois de la nature, soit nous luttons contre. Nous aurons moins besoin de temps si nous les suivons.

Pour nous, il s'agira à la fois d'un travail sur le corps et sur l'esprit en rétablissant la « transcendance de l'existence », en réveillant pour cela la « volonté de signifiance », qui, motivation première, sommeille en chacun de nous. Passer un temps court, c'est en rechercher la quintessence. Il n'est pas de rajouter une gymnastique supplémentaire mais d'éclairer sa vie afin « d'exister pour quelque chose ». On utilisera trois principes empruntés à la logothérapie[2] (thérapie axée sur le sens) : *l'humour, un agir autonome, de la bonté de cœur.*

Trois approches aideront notre cheminement :

- La première sera de *montrer la valeur en soi*, c'est-à-dire que tout être renferme en soi une valeur qui lui est propre ; percevoir les valeurs qui, depuis toujours, existent à l'extérieur comme à l'intérieur de son existence.
- La seconde, *stimuler le sentiment de la valeur de l'existence,* qui est lié aux motivations essentielles de l'homme ; c'est la découverte du sens.
- La troisième, *gérer l'opposition de valeurs et la perte de valeurs*, c'est-à-dire des choix parfois que l'on a à faire entre la profession et la famille,

---

2. E. Lukas, *Quand la vie retrouve un sens*, Paris, Téqui, 2000.

entre des goûts artistiques et des obligations, entre une promesse faite et un changement de situation.

On y associera trois mots-clefs définissant le but à atteindre : *raison, confiance et réconciliation.*

Dans le monde méditerranéen, chaque jour de la semaine était lié à l'une des sept planètes alors connues. Le premier jour étant lié au soleil, le symbolisme cosmique du dimanche rejoignit celui de la direction de la prière : le soleil annonce le Christ. Ce premier jour est à la fois le jour de la création et le jour de la résurrection. Les Pères de l'Église introduisent alors un nouveau symbolisme : du point de vue de toute la semaine qui précède, le dimanche est le huitième jour. Le dimanche n'est plus uniquement ce qui s'est passé (le premier), mais va vers ce qui vient. Ce huitième jour est un temps nouveau. La forme octogonale des baptistères est le symbole architectural du huitième jour, jour de la nouvelle Création, jour du baptême, jour d'un temps nouveau.[3]

Dans notre culture européenne chrétienne, les anciens désignaient comme « la Grande Semaine », les huit jours de la Semaine Sainte. Huit jours du dimanche des Rameaux au dimanche de Pâques, pour passer, pour transiter avec Jésus-Christ de la mort à la vie.

---

3. J. Ratzinger, *L'esprit de la liturgie*, Genève, Ad Solem, 2001.

Lorsqu'en Sicile par exemple, on admire les cathédrales construites par les artistes arabes, on retrouve le chiffre 8, symbole pour eux de la perfection.

Le nombre 8 revient souvent en physique des particules. Il serait la conséquence d'un principe de symétrie dans le monde subatomique.[4] Le physicien Gell-Mann M. a appelé ce principe la « Voie octale », par référence aux 8 voies bouddhiques pour atteindre au nirvana : la compréhension juste, la pensée juste, la parole juste, l'action juste, les moyens d'existence justes, l'effort juste, l'intention juste et la concentration juste.

Si nous pensons que l'homme est autre chose qu'une machine, nous pouvons garder ce symbolisme à l'esprit et penser que nos 8 minutes sont également un temps nouveau, où nous nous reconstruisons. Pour ceux qui ne se sentaient que rarement bien, être en forme à nouveau n'était-ce pas une nouvelle résurrection ?

Si vous pensez donc que l'homme est autre chose, alors passez au chapitre suivant.

4. Trinh Xuan Thuan, *Le chaos et l'harmonie*, Paris, Gallimard, 1998.

CHAPITRE II

L'homme à travers le temps

Si nous rencontrons quelqu'un qui nous paraît en forme, à notre réflexion, en général, notre interlocuteur répondra : « Oui, je me sens bien. »

Voilà notre point de départ, être en forme, c'est se sentir bien – « se sentir » est une formule si souvent employée et en même temps si mal utilisée ! Sans nos sens, nous ne connaissons rien. Notre cerveau se nourrit de ces informations venant à la fois de l'extérieur via nos organes (yeux, oreilles, nez…) dont certains sont déjà fonctionnels avant la naissance, et de l'intérieur de notre corps.

Bien souvent la nature nous fournit gratuitement ces sollicitations – nous devrions dire ces invitations. Quelle autre situation pourrait être inventée avec autant de richesse qu'une balade en forêt ? Combien de variétés de couleurs, de bruits, de senteurs pour celui qui sait ou qui veut apprendre à voir, écouter ou sentir ?

Promener ça s'apprend…

Le sens amène à l'unité car il participe à la conscience corporelle. Cette conscience de soi devient par suite conscience des autres, conscience de l'environnement.

En 1997, Eccles[5], neurologue (prix Nobel 1963) allant à contresens des théories matérialistes actuelles, établit que les mouvements volontaires sont provoqués par les intentions mentales, c'est-à-dire par l'esprit. C'est à l'esprit qu'est dévolu le rôle dans la volonté consciente et non pas au cerveau. Reprenant Pascal, il conclut par cette réflexion que chacun de nous vient au monde en être unique, en un temps et en un lieu qui échappent à l'entendement. Pourquoi ici et pas ailleurs ? Pourquoi maintenant et pas plus tard ? Ne participons-nous pas au sens, dans un monde qui, sinon, serait dépourvu de sens ? Ne connaissons-nous pas le bonheur de l'amitié, de la joie, de l'harmonie, de la vérité, de l'amour et de la beauté, dans un univers qui, sinon, serait dépourvu d'esprit ?

330 ans avant Jésus-Christ, Aristote énonçait que l'esprit était principe de mouvement.

Nous avons conscience de voir, d'entendre, d'apprendre : la conscience accompagne le déroulement de notre existence dans le monde, et son éveil est inséparable des sensations. La conscience

---

5. J.-C. Eccles, *Comment la conscience contrôle le cerveau*, Paris, Fayard, 1997.

immédiate peut aussi être en même temps l'objet d'une observation intérieure qui conduit à la connaissance de soi.[6]

L'existence humaine, si elle veut être véritablement humaine, est liée au vécu d'un bien-être psychique… Pour conserver ou reconquérir le goût des choses, développons nos sensations. La prise de conscience de nos sensations permet l'unité.

Faire 8 minutes d'abdominaux en se souciant uniquement du nombre de répétitions est certainement un travail trop court. 8 minutes d'abdominaux en sachant à quoi ils servent, en ayant conscience de son bassin, de l'étirement de sa colonne vertébrale… c'est autrement porteur. Si le seul but est de faire du muscle, cela n'aura que très peu d'impact dans la vie quotidienne. En revanche, un véritable travail de conscience corporelle de la globalité de la dynamique de la posture aura des répercussions dans nos gestes quotidiens. C'est ce que l'on appelle un *transfert*, c'est-à-dire une utilisation de ce qui a été appris dans ces exercices lors de nombreux gestes de la vie quotidienne : se lever d'une chaise, bien se positionner pour soulever des paquets… Ainsi, il ne s'agit plus de 8 minutes de travail mais de 8 minutes qui donnent le tempo, un savoir-faire pour une journée complète.

---

6. J. Millet, *La vie a-t-elle un sens ?*, Paris, Téqui, 1997.

Être en forme ne demande pas d'appliquer un programme en répétant des exercices, mais de s'insérer dans un travail du corps et de l'esprit à l'intérieur du cosmos.

Chapitre III

Le rythme

Il est dans ce type de travail important d'intégrer la totalité de la personne et de rechercher le mouvement naturel. La question suivante revient régulièrement : si ces mouvements sont naturels, pourquoi est-il besoin de les entretenir ou de les rechercher ? Un animal s'entraîne-t-il à conserver sa forme ?

Le mouvement ne dépend pas d'un groupe musculaire.[7] Nous avons déjà montré l'importance de la posture et du tonus.[8] Cette posture n'est pas une simple construction mécanique. Notre tonus suit les fluctuations de notre psychisme.[9] L'animal se brouille rarement avec son employeur ou son voisin, il a rarement des mots avec son conjoint, ses enfants ou ses parents. Un animal à travers l'histoire fait à peu près les

7. J.-P. Pes, *Gérer ses performances*, Genève, Jouvence, 2000.
8. J.-P. Pes, *Être tonique*, Genève, Jouvence, 2004.
9. J.-P. Pes, *Se régénérer le corps et l'esprit*, Genève, Jouvence, 2000.

mêmes gestes de la même manière. Il y a peu d'évolution. L'être humain naît déjà avec une histoire. Il porte en lui l'histoire, bien souvent conflictuelle, de ses ancêtres. Lui-même ensuite est baigné dans un environnement où il apprend à trouver sa place. Nous avons dit *apprend.* Voilà une grande différence, l'être humain est capable d'apprendre. Il apprend des choses positives mais aussi des choses négatives. Ainsi, par le va-et-vient permanent entre son corps, son cerveau et son esprit, il se modifie en permanence, volontairement et involontairement. Et le corps, comme marqueur de son histoire, change.

Moins à l'écoute de nos sensations et de notre corps, nous perdons peu à peu le sens du mouvement.[10] De plus, influencés par les représentations issues d'une pensée matérialiste, nous passons bien souvent du temps à faire des choses qui vont très peu apporter, voire avoir l'effet inverse de ce qui est escompté.

En ce qui concerne le rythme, on considérera deux phases. On pensera en premier lieu au rythme pour la réalisation des exercices (rythme des mouvements, tempo, durée, répétitions...). Il y aura également le rythme des séances. Les deux dépendent de l'individu lui-même.

Il serait facile, aisé et intéressant, de donner un rythme de pratique tel, par exemple, un

---

10. D. Feldman & J.-P. Pes, *L'écoute*, Genève, Jouvence, 2002.

médicament que l'on prend matin, midi et soir, quel que soit le sujet, à n'importe quel endroit de la planète.

Prenons l'exemple du sommeil. Certaines personnes se réveillent sans aucun problème à 5 heures du matin, sont en pleine disposition dès l'aube et se couchent relativement tôt le soir. D'autres se lèvent plein d'entrain vers 8 heures et peuvent se coucher assez tard tout en étant encore très actifs en début de nuit. Voici deux types de rythmes de veille. Y en a-t-il un moins bon que l'autre ? Non, si celui qui peut se lever à 5 heures ne se lève pas à 8 heures et que celui qui doit se lever à 8 heures pour être bien ne se lève pas à 5 heures ! Chacun doit respecter son rythme, celui qui lui convient le mieux.

Imposer des moments de séances est donc difficile et en plus n'est pas dans la perspective de notre vision de ce type de travail. Celui-ci doit se faire au bon moment pour chacun, de manière individuelle. Ce qui est important est de retenir les grands principes, ensuite, il s'agira de les adapter en fonction de sa personnalité, de ses occupations… Car il existe des rythmes à tous les degrés d'existence, chacun comportant sa mesure propre. L'homme est rythmé intérieurement par son propre fonctionnement, mais aussi par le cosmos. L'alternance jour-nuit, le rythme du soleil, de la lune, tous ces rythmes influencent l'homme. Chacun par ses rythmes biologiques, qui sont sensiblement différents, a des besoins sensiblement différents, des attractions pour certaines choses et des répulsions pour d'autres. Certains se sentent bien lorsque le vent souffle à 80 km/h et d'autres sont bien lorsqu'il pleut.

Comment trouver les moments et surtout les bons moments pour chacun de nous ?

L'éveil de la conscience n'est pas une connaissance technique ou automatique parfaite du corps, mais une connaissance « purement intellectuelle ». Il ne s'agit pas de connaître « par cœur » son corps, mais celui-ci avec son cœur. Il s'agit d'une connaissance de soi par l'intermédiaire de son corps en tant qu'être unique en permanente adaptation avec le monde environnant. Certaines stratégies que nous développerons permettront d'affiner ces sensations qui vous aideront à mieux sentir les moments propices pour vous, pour réaliser tel type d'exercices ou tel autre et à quel moment.

Nous décrirons trois types de stratégies : les stratégies du matin, celles de la mi-journée et enfin celles qui sont dynamisantes. Ceci ne veut pas dire que tous les sujets devront faire les exercices au même moment. Certains trouveront plus intéressant pour eux de faire des exercices dynamisants le matin et les exercices du réveil à la mi-journée pour mieux se remettre en route ou le soir pour faire « tomber » les tensions. Nous indiquerons les principes de ces exercices, ensuite chacun en fonction de ses sensations les planifiera comme il le sent…

Pour le rythme des exercices, nous donnerons parfois des nombres de répétitions ou des temps d'exercices. Mais ceux-ci ne seront là qu'à titre indicatif. Chacun devra trouver ce qui lui permet d'accomplir le travail souhaité. Il en est de même pour le tempo. Certains exercices nécessitent d'être exécutés à un rythme plus soutenu que d'autres. Chacun devra trouver le rythme qui lui est approprié pour leur bonne réalisation.

Certains mêmes pourront faire plusieurs fois 8 minutes dans une journée en piochant dans les différentes stratégies. Ceci n'est pas une obligation, mais une possibilité.

Maintenant à vous de jouer…

Chapitre IV

Les stratégies au réveil

Il est évident qu'il est préférable de se lever de bonne humeur, gai, en forme, plein d'énergie que fatigué, sans entrain, déprimé. Damasio[11] a émis des hypothèses sur le rôle des émotions et des sentiments, ainsi que leurs neurobiologies. Selon lui, un stimulus compétent entraînerait la sélection et l'exécution d'un programme émotionnel préexistant. L'émotion donnerait lieu à la construction de cartes neurales. Celles-ci seraient à la base de la naissance d'un sentiment.

Les cartes associées à la joie signifieraient des états d'équilibre de l'organisme. Les états joyeux figureraient que la coordination physiologique serait optimale et que le cours des opérations glisserait. Ils favoriseraient la survie, mais aussi la survie dans le bien-être. Les états de joie seraient définis par une plus grande aisance à agir.

11. R. A. Damasio, *Spinoza avait raison*, Paris, Jacob, 2003.

À l'inverse, les cartes liées à la tristesse seraient associées à des états de déséquilibre fonctionnel. L'aisance de l'action se trouverait réduite.

Trois enseignements peuvent être tirés de ces recherches. Tout d'abord un sentiment comme la joie, qui est un processus mental, trouve son enracinement dans un stimulus (qui peut être extérieur ou une image mentale) et dans un état général du corps. Secondement, l'état émotionnel, phénomène dans le corps, repose sur des réseaux neuraux dans le cerveau. Troisièmement, vu que les processus d'homéostasie (régulant la température, l'acidité...) sont en lien direct avec les cartes neurales et donc l'émotion et le sentiment, l'importance de la préparation du corps sera un principe de base de la préparation de l'état mental.

Voilà pourquoi le matin pour se lever du bon pied, il peut s'avérer judicieux de faire une préparation à la fois corporelle et mentale, en sachant que la joie aura un effet positif sur la réalisation de nos projets.

Stratégie 1 : « Je respire »

Bien respirer[12], c'est respirer du sommet du crâne au périnée et plus précisément, du nez au périnée...

12. D. Mérien, *Renaître par le souffle*, Genève, Jouvence, 1994.

Allongé sur le dos dans votre lit, commencez par expirer. Les muscles à contracter sont les transverses, les plus profonds. Vous rentrez le ventre en partant du périnée. Cette contraction repousse vos viscères vers le haut. Vous ne vous avachissez pas, au contraire, les côtes s'abaissent et étirent à l'arrière les vertèbres. Vous vous grandissez. En expirant, vous grandissez et vous mincissez… Ne pincez pas vos lèvres, vous soufflez légèrement, bouche ouverte.

Une question qui revient souvent : Si je rentre le ventre à l'expiration, dois-je sortir le ventre à l'inspiration ? La partie importante de la respiration, c'est l'expiration. Quant à l'inspiration, elle est réflexe, c'est le rôle du diaphragme. Ce n'est pas une poussée inverse de l'expiration, c'est-à-dire une poussée vers le bas, on ne doit jamais pousser vers le bas. Il s'agit d'une augmentation des volumes. Le diaphragme descendant, le ventre bombe légèrement en se détendant, la taille s'élargit.

Sentez ensuite la sensation de l'air qui entre et qui sort au niveau de votre bouche et de vos narines.

Vous pouvez refaire cet exercice de respiration assis. Puis debout.

Stratégie 2 : « Je me motive »

Au réveil, dans votre lit, sentez les sensations de toutes les parties de votre corps, sensations des contacts entre votre corps et le matelas. Les yeux fermés puis ouverts, prenez conscience des différentes parties de votre corps. Touchez votre visage, toute votre tête avec vos mains. Vous pouvez passer vos mains sur vos muscles comme un très léger massage. Vous pouvez rouler d'un côté à l'autre de votre lit.

✓ La chandelle

Couché, tête décollée du sol, nuque étirée, les cuisses ramenées sur le ventre, les jambes à 90° des cuisses, poussez sur les mains et soulevez les fesses, sans tirer les genoux vers le visage mais en les poussant vers le plafond.

Ne pas raccourcir les abdominaux grands droits mais agir avec le transverse et les petits obliques (ventre rentré).[13]

Continuez à monter les fesses et à vous déplier vers le haut, sans ramener les jambes derrière la tête en levier. La tête n'est toujours pas posée.

Terminez en posant la tête, nuque très étirée, corps à la verticale, dos érigé au maximum, sans tirer sur la pointe des pieds.

Vous ne devez avoir aucun poids sur les cervicales qui ne touchent pas le sol. Vous êtes sur la pointe des épaules, le dos travaille sans s'arrondir.

Cette posture est tonique, muscle le dos et permet de prendre conscience de la pesanteur.

---

13. B. De Gasquet, *Abdominaux : arrêtez le massacre*, Paris, Jauze, 2003.

Allongez-vous dans le lit et refaites le tour de votre corps en prenant conscience de tous ces détails.

Visualisez des images positives, agréables, pensez à la chance de tout ce que vous allez découvrir dans votre journée avec la soif d'un enfant qui veut apprendre. Ayez conscience que la journée vous appartient. Vous lancez votre journée sous le signe de l'action et non pas sous celui de la passivité.

Activez vos « cartes » de la joie…

Stratégie 3 : « Je m'étire »

Le matin au réveil, avant même de vous lever de votre lit (qui ne doit pas être mou), commencez par vous étirer. Imaginez un chat à son réveil. Étirez-vous en tirant vos pointes de pieds vers vous et vos bras au-dessus de la tête.

N'hésitez pas à vous tortiller, à trouver vos étirements pour toutes vos articulations. Vous ne risquez rien en les faisant sans violence, tout en douceur, en prenant plaisir à vous étirer.

Sentez l'appui de vos lombaires sur le matelas. Allongez votre colonne vertébrale depuis le coccyx jusqu'à la première cervicale à la base du crâne, rentrez le menton.

Couchez-vous sur le dos, une cuisse ramenée sur le ventre, l'autre jambe allongée, bien tendue les orteils vers le visage.

Maintenez avec vos mains la cuisse le plus près possible du ventre, sans laisser l'autre fesse décoller.

Serrez le périnée, expirez, assurez le verrouillage du transverse et lâchez le genou. Rien ne doit bouger, le ventre ne sort pas.

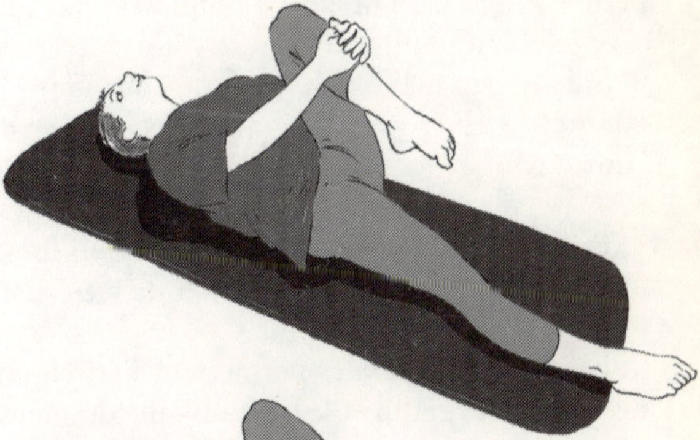

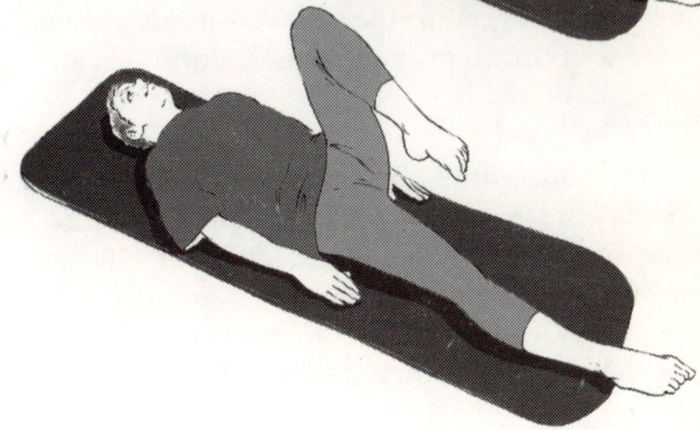

Stratégie 4 :
« Je m'assouplis »

Faites des torsions en amenant vos épaules à 90° du bassin (à peu près...). Tous ces mouvements se font à votre rythme, en respectant la distance maximum entre le bassin et les épaules.

Si les épaules sont fixes, le bassin tourne : le petit oblique est alors le « moteur », il travaille avec le grand oblique de l'autre côté.

Si le bassin est fixe, les épaules tournent : le « moteur » est le grand oblique, avec le petit de l'autre côté.

En faisant des torsions avec expiration juste, qui étire, elles produisent un effet de rétrécissement qui galbe la taille.

Les flexions latérales permettent l'étirement des flancs. Le grand et le petit oblique du même côté se contractent pour creuser, alors que l'autre côté s'arrondit.

En translations, les épaules ou le bassin se déplacent latéralement l'un par rapport à l'autre, sur une ligne horizontale. Le « moteur » est un grand oblique (translation des épaules) ou un petit oblique (translation du bassin). Les autres muscles obliques maintiennent la stabilité de l'ensemble.

Stratégie 5 : « Je me grandis »

Penchez le buste vers l'avant, les bras dans le prolongement du buste, le dos plat, les genoux sont fléchis et les fesses vers l'arrière. Remontez en poussant les fesses vers l'avant, les genoux restent fléchis.

Assis sur les talons, les mains derrière les oreilles, relevez-vous en faisant tourner vos cuisses vers l'extérieur et en expirant. Soyez tonique au niveau des fesses, du pubis et du périnée. Assis, poussez les fesses dans le siège et la tête vers le ciel.

Debout, imaginez que vous portez du poids sur la tête en poussant les pieds vers le sol.

Assis au sol, une jambe pliée, le pied le plus près possible de la fesse, l'autre jambe tendue, cheville fléchie (orteil vers le visage), redressez-vous en appuyant les deux fesses au sol et en élevant la tête vers le ciel, les épaules basses, les mains au sol.

Stratégie 6 : « Je visualise »

Assis droit sur une chaise, les bras sur les accoudoirs, les mains ouvertes, paumes vers le haut ou vers le bas. Les pieds reposent à plat sur le sol. Ne croisez ni les jambes ni les bras, qui ne doivent entrer en contact avec aucune

autre partie du corps. La visualisation dure entre 1 et 5 minutes.[14]

Fermez les yeux et expirez 3 fois.

Enfilez mentalement un survêtement et des chaussures de sport. Sortez de votre appartement et allez dans un beau parc dont vous faites le tour dans le sens des aiguilles d'une montre en regardant tout autour de vous. Soyez conscient de vos sensations, laissez-vous caresser par le vent. Faites attention au rythme de vos pas et à votre respiration. Regardez les arbres, l'herbe et le ciel…

Pour finir la course, retournez au point d'où vous êtes parti. Sortez du parc et rentrez chez vous. Déshabillez-vous, prenez une douche et imaginez que vous enfilez les vêtements que vous porterez pour sortir.

Ouvrez les yeux.

Voici une visualisation pour se préparer à la vie quotidienne de manière positive.

Fermez les yeux. Expirez 3 fois.

Imaginez que vous sortez de chez vous en passant par l'escalier. Vous arrivez dans une prairie ou un jardin. Allez jusqu'au centre. Là, vous trouvez un outil de purification. Selon vos préférences ou votre besoin de purification, imaginez l'outil nécessaire : plumeau, balayette…

---

14. G. Epstein, *Visualisations de guérison*, Genève, Jouvence, 1991.

Nettoyez-vous de haut en bas avec cet outil. Comment vous sentez-vous après avoir éliminé les cellules mortes et les confusions qui régnaient en vous ?

Reposez l'outil et écoutez le bruit d'un ruisseau qui coule à vos côtés. Prenez un peu d'eau pure dans vos mains et lavez-vous le visage, en étant conscient de chasser les impuretés externes de votre corps.

Reprenez un peu d'eau et buvez-la lentement pour éliminer les impuretés internes. L'eau vous rafraîchit, vous réveille et vous dynamise.

Allez vous reposer à l'ombre d'un arbre. Dos appuyé contre le tronc, inspirez l'air pur et l'oxygène des feuilles qui se diffuse sous forme de lumière bleu doré du soleil filtrant à travers les feuilles.

Expirez votre oxyde de carbone que les feuilles absorbent et transforment en oxygène, qui passe par le tronc et pénètre dans votre corps par tous vos pores. Vous suivez le rythme respiratoire de l'arbre.

Laissez vos doigts et vos pieds s'enfoncer dans la terre comme des racines. Puisez dans la terre votre énergie.

Gardez cette image à l'intérieur de vous en rentrant chez vous.

Quand vous êtes de nouveau assis sur votre chaise, expirez et ouvrez les yeux.

Stratégie 7 : « Je m'ouvre »

Pendant votre petit-déjeuner, sentez les odeurs de ce que vous préparez : odeur du thé, du lait, du café, du beurre, de la confiture…

Laissez-vous pénétrer par les couleurs : le jaune du beurre, l'oranger de la confiture d'abricot, le vert d'une pomme, les couleurs du pain…

Sentez les gestes simples que vous exécutez : tartiner, tourner…

Prenez le temps de goûter ce que vous buvez et mangez.

Apprenez à redécouvrir votre alimentation par vos sens.

Stratégie 8 : « Je m'active »

Ces exercices se font sur place. Vous pouvez rester pieds nus sur un tapis de sol.

Pendant 30 s à 1 min, trottinez sur place. Bougez bien vos bras.

Sautillez pendant 10 s.

Pendant 30 s, sautez et montez le genou droit et touchez-le avec la main gauche. Inversez. Mettez-y du rythme.

Sautez 10 s sur place, jambes tendues.

Pendant 30 s, sautez et montez le genou droit et touchez-le avec la main gauche. Inversez. Mettez-y du rythme.

Pendant 10 s, sur place, faites des sauts écarts (en écartant et rapprochant les pieds).

Pendant 30 s, sautez et montez le genou droit et touchez-le avec la main gauche. Inversez. Mettez-y du rythme.

Pendant 10 s, sur place, faites des sauts en fentes alternées (en mettant un pied devant l'autre).

Pendant 30 s, sautez et montez le genou droit et touchez-le avec la main gauche. Inversez. Mettez-y du rythme.

Récupérez puis faites une deuxième série.

CHAPITRE V

Les stratégies de la mi-journée

Stratégie 1 : Étirements

Passez de la position dos creux à dos rond. Les fesses sur les talons, amenez les mains le plus loin possible devant, sans lever les fesses. Passez à quatre pattes sans venir en avant. Gardez le poids du corps en arrière.

Faites tourner les épaules et le bassin en sens inverse.

Dos rond, la contraction du périnée tire le bassin dans un enroulement, puis les épaules viennent vers l'avant. Les appuis sont les bouts des doigts. Le poids de la tête étire les cervicales.

Dos creux, le bassin tourne dans l'autre sens. Les omoplates s'emboîtent. Mains à plat, le poids du corps en arrière, la remontée de la tête conserve l'étirement.

À quatre pattes, dos creux, le poids du corps est en arrière. Ramenez une cuisse vers le ventre, sans laisser le haut du dos s'arrondir. Retenez les omoplates emboîtées, la nuque dans le prolongement du dos.

Stratégie 2 : Pour se dynamiser

Pendant 10 s, sur place, faites des petits sauts, jambes tendues. Vous atterrissez sur la plante des pieds. Dès que vos pieds touchent le sol, repartez.

Enchaînez avec : 10 s de sauts écarts jambes tendues (écartez les pieds puis les rapprochez) ; 10 s de sauts de côté, jambes tendues ; 10 s de sauts, jambes tendues avant-arrière ; 10 s de sauts en fentes avant alternées.

Finissez par 10 s de petits sautillements d'un pied sur l'autre. Alternativement, montez le genou en croisant ; touchez le coude opposé. Cet exercice doit se faire avec rythme.

Récupérez de 30 s à 1 min et répétez l'exercice.

Stratégie 3 : Tonifier la ceinture [15]

✓ Exercice n° 1

Position : allongé sur le dos, lombaires plaquées au sol, jambes à l'équerre. Rentrez le ventre à l'expiration. Tenez la position.

✓ Exercice n° 2

Position : allongé sur le sol à plat ventre. Soulevez les jambes tendues, touchez le sol et remontez. Les cuisses (au-dessus des genoux) doivent se soulever.

---

15. Pour un détail de ces exercices, vous pouvez vous reporter à *Être tonique*, du même auteur, éd. citée, chapitre VI.

✓ **Exercice n° 3**
Position : allongé sur le dos, lombaires plaquées au sol, jambes à l'équerre. Tenez la position, puis tendez légèrement les jambes, sans décoller les lombaires.

✓ **Exercice n° 4**
Position : allongé de côté, la jambe au sol pliée, l'autre tendue. Soulevez la jambe tendue puis touchez le sol. Changez de côté.

✓ **Exercice n° 5**
Position : allongé sur le dos, lombaires plaquées au sol, jambes à l'équerre. Tenez la position, remontez le haut du buste, sans décoller les lombaires, les mains derrière les oreilles.

✓ **Exercice n° 6**
Position : allongé de côté. Soulevez de côté les jambes et touchez le sol. Changez de côté.

Stratégie 4 : Visualisations équilibrantes

✓ **Visualisations pour le stress et la fatigue**
Assis droit sur une chaise, les bras sur les accoudoirs, les mains ouvertes, paumes vers le haut ou vers le bas. Les pieds reposent à plat sur le sol. Ne croisez ni les jambes ni les bras, qui ne doivent entrer en contact avec aucune autre partie du corps.

La relaxation dure d'une à 3 minutes.

Fermez les yeux et expirez 3 fois. Voyez l'oxygène que vous inhalez sous forme de lumière bleue dans un ciel sans nuages et avec un beau soleil jaune. L'air que vous expirez se dissipe sous forme de fumée grise. La lumière bleue pénètre votre corps, traverse votre cœur et se propage doucement et régulièrement dans les artères et les capillaires, tout en vous décontractant. Quand elle baigne tout votre corps, ouvrez les yeux.

En cas de stress, afin de restaurer l'équilibre du corps et de vous rafraîchir, vous pouvez prendre l'exemple de cette visualisation qui dure d'une à 2 minutes.

Fermez les yeux. Expirez 3 fois. Imaginez que vous portez une lumière et que vous entrez dans votre corps par l'ouverture que vous choisissez (les pores de la peau, par exemple). Trouvez un chemin qui vous conduit à une des glandes surrénales.

Expirez 3 fois et imaginez-vous au sommet de la pyramide surrénale. Descendez le long de la glande d'un côté, puis remontez en courant de l'autre, tout en étant conscient que c'est elle qui produit les fluides nécessaires à l'harmonie de votre corps. Sentez le flux des hormones en jaillir et s'écouler sous forme d'arc-en-ciel dans tout le corps.

Allez vers l'autre glande et recommencez l'exercice. Ouvrez les yeux.

✓ Visualisations pour les mauvaises postures

Retrouvez une respiration normale. Fermez les yeux en étant conscient de votre respiration. Vous vous dégagez des influences négatives et vous vous sentez libre. Ouvrez les yeux.

Fermez les yeux. Expirez 3 fois. Prenez conscience qu'il est inutile de modifier votre manière de respirer d'un seul coup, mais au contraire, qu'il est préférable d'utiliser votre respiration naturelle comme base de départ, même si elle n'est pas satisfaisante. Ouvrez les yeux.

Fermez les yeux. Expirez 3 fois. Voyez les mouvements internes de votre respiration naturelle, jusqu'à ce que votre souffle, livré à lui-même, retrouve un rythme normal. Conservez ce rythme un long moment avant d'ouvrir les yeux.

Fermez les yeux. Expirez 3 fois. Placez-vous dans une situation émotionnelle particulière. Soyez conscient des modifications de votre respiration. Ouvrez les yeux.

Fermez les yeux. Expirez une fois. Sentez comme vos sentiments négatifs altèrent votre respiration. Que se passe-t-il ?... Ouvrez les yeux.

Fermez les yeux. Expirez 3 fois. Sentez et écoutez votre soupir se libérer. Une fois en paix, prenez conscience que votre respiration se fait beaucoup plus à partir du diaphragme. Ouvrez les yeux.

✓ **Visualisation de la posture**

Fermez les yeux. Expirez et imaginez qu'une corde sort du sommet de votre tête et monte droit vers le ciel. En même temps, voyez une corde partir de la base de votre nuque et passer au milieu du dos, entre les jambes, avant de s'enfoncer dans le sol. Voyez deux autres cordes qui passent le long de vos omoplates pour se rejoindre à la nuque. Imaginez que l'on tire sur toutes ces cordes en même temps. Comment vous sentez-vous ? Quelle est votre allure ?... Ouvrez les yeux.

Que vous fassiez les exercices les yeux ouverts ou fermés, voyez les cordes et sentez les tractions pendant un instant. Analysez ce que vous ressentez, sachant que vous tenez parfaitement droit.

Stratégie 5 : Prise de conscience de soi[16]

✓ **Épaules**

Position debout, soulevez en l'étirant aussi haut que possible une épaule et laissez-la retomber par son propre poids, sans la jeter. Répétez le geste 3 fois d'un côté, 3 fois de l'autre et 3 fois des deux. Faites chaque geste en le suivant mentalement, exactement comme si vous le

16. M.-L. Orlic, *Méthode de rééducation psychomotrice. L'éducation gestuelle*, Paris, ESF, 1978.

voyiez se reproduire simultanément (et correctement fait !) sur un écran placé à quelques mètres devant vous. Concluez le mouvement par une respiration complète et abdominale.

✓ Bras

Bras le long du corps. Étirez lentement un bras à la verticale en inspirant et laissez-le retomber décontracté en expirant. 3 fois de suite. Même mouvement avec l'autre bras, puis avec les deux ensemble.

Les bras placés à la verticale doivent être le plus près possible des oreilles. Étirez les mains jusqu'au bout des doigts. Laissez retomber les bras par leur poids, au moment des décontractions.

Indications : Mouvement dynamique. Tous les mouvements de cet ordre permettent l'écoulement rapide d'un excès de nervosité, par l'intermédiaire normal du corps. Ils sont recommandés en début de séance ou dans un moment où l'on peine pour contrôler ses nerfs.

✓ Jambes

Balancez une jambe d'avant en arrière et d'arrière en avant, en gardant le genou et la cheville décontractés. Faites l'exercice sur 3 respirations. Même exercice avec l'autre jambe.

Montez sur une petite marche de manière à ce que la jambe qui travaille soit pendante à l'extérieur. Pour ne pas perdre l'équilibre, tenez-vous à une barre du côté de la jambe qui ne travaille pas. N'arrêtez pas le mouvement en passant de l'inspiration à l'expiration et inversement. L'expiration doit être plus longue que l'inspiration.

Indications : Mouvement dynamique. Action sur la circulation du sang dans les jambes. Peut améliorer les crampes.

✓ Tête

Décontraction en position assise : le dos appuyé à un dossier de chaise, les bras pendants ou sur les genoux, sans que les mains ne se touchent. Décontractez le visage, puis laissez glisser la tête sur la poitrine par décontraction des vertèbres cervicales, en expirant. Relevez lentement la tête à la verticale, en inspirant. 3 fois.

Le dos ne doit jamais quitter l'appui du dossier de la chaise. Sentir le front lourd et les yeux se fermer, comme lorsque le sommeil nous surprend assis. La sensation du front facilite la tombée de la tête. Ne jamais la jeter brusquement.

Indications : Mouvement de préparation au sommeil. À ne pas faire en état d'énervement. Commencer par un mouvement dynamique pour se calmer.

✓ Épaules

Étirez l'omoplate en arrière et vers le bas en inspirant. Décontractez en expirant. 3 fois. Même exercice avec l'autre omoplate, puis avec les deux ensemble.

Évitez de contracter les bras.

Indication : Défatigue les épaules.

✓ Épaules

Faites 3 cercles vers l'arrière avec une épaule, puis avec l'autre, avec les deux ensemble. Inspirez légèrement à la remontée des cercles, expirez pendant la descente.

Vérifiez particulièrement le rythme du geste qui doit se soumettre à celui d'une respiration légère et calme. Gardez bien le même rythme pendant tout le mouvement.

Indications : mouvement de grand calme. À faire après un mouvement plus dynamique.

✓ Colonne vertébrale

Adossez-vous légèrement à un mur, sans coller les talons contre lui.

Tassez la colonne vertébrale sur elle-même, en expirant à fond. Étirez la colonne de bas en haut, en inspirant. Remettez-la en place de haut en bas, en expirant. L'expiration terminée, décollez le dos du mur en inspirant, puis en expirant profondément. Sur la fin de l'expiration, remettez le dos contre le mur et recommencez le mouvement 3 fois de suite.

Ne jamais étirer ni replacer brusquement les vertèbres. Le faire à la manière d'une chenille qui étire ses anneaux.

Arrivé à la hauteur des vertèbres cervicales, rentrez le menton dans le cou pour finir l'étirement. Amorcez la descente en relevant le menton.

Indications : Déclenche la décontraction du plexus solaire. Elle se produit au moment des respirations totales, placées entre les étirements et appelées pour cette raison : *respirations de libération.* Recommandé en cas de tensions intérieures, d'anxiété.

✓ **Poignets**

Assis, les coudes appuyés, faites 3 cercles dans un sens et 3 cercles dans l'autre avec un poignet. Décontractez-le. Même exercice avec l'autre poignet, puis avec les deux.

Aucune consigne respiratoire, sauf celle de ne pas bloquer son souffle. Les doigts et la main doivent rester décontractés pendant l'exercice.

Indications : Prise de conscience de l'articulation du poignet, particulièrement efficace pour la préparation ultérieure à des gestes de métiers, et dans le traitement de la crampe pour les personnes écrivant ou tapant longuement sur un clavier.

✓ **Chevilles**

Contractez une cheville vers le haut, décontractez. Puis vers le bas, décontractez. Puis vers l'extérieur, décontractez. Vers l'intérieur, décontractez. Réunissez ensuite ces mouvements en faisant avec la cheville 3 cercles dans un sens et 3 dans l'autre. Décontractez la cheville en secouant la jambe. Recommencez le mouvement avec l'autre cheville.

Pas de consigne respiratoire. Cependant ne pas bloquer le souffle.

L'exercice se fait debout ou assis.

Indication : Précision dans les petits gestes.

Stratégie 6 : Défatiguer le dos, les épaules, le visage

Pour renforcer le dos, les pectoraux, les bras, et pour éliminer les tensions musculaires aux épaules.

Assis à la table de travail ou debout :

a. Inspirez profondément en levant haut les bras, étirez le côté droit du buste puis le gauche.

b. Retenez la respiration pendant 4 s puis, en expirant, abaissez lentement les bras.

Répétez à partir du point *a* avec un rythme continuel « inspiration-retenue-expiration » au moins 4 ou 6 fois.

(Exercice illustré page suivante, en haut)

Assis à la table de travail ou debout :

a. Inspirez profondément en levant les bras vers le haut, en passant par l'horizontale, étirez-vous (un côté puis l'autre).

b. Retenez la respiration pendant 4 s puis, en expirant, abaissez lentement les bras vers l'arrière ; saisissez-vous les mains, rapprochez les omoplates en ouvrant au maximum les épaules.

Reprenez l'inspiration à partir de ce point et répétez au moins 3 fois.

La dilatation du thorax donne aux poumons une plus grande possibilité d'expansion et facilite l'entrée de l'oxygène. Ces respirations doivent toujours être faites très lentement.

Assis à la table de travail ou debout :

a. En inspirant profondément, levez latéralement les bras bien tendus, avec les mains fléchies sur les poignets et les doigts retournés en arrière.

b. En expirant avec un petit sifflement des lèvres, poussez les bras par 3 petites vibrations (ou balancements) en arrière et interrompez l'expiration.

c. En retenant le souffle, pliez les bras (les coudes à la hauteur des épaules) et poussez par 4 balancements les paumes l'une contre l'autre, placées au-dessus de la tête.

d. En reprenant l'expiration, faites balancer encore les bras tendus en arrière, comme au point *b* (3 fois).
Suspendez l'opération en répétant la contraction entre les paumes et continuez jusqu'à la sortie totale de l'air.

e. Effectuez une respiration tranquille et profonde.

Répétez plusieurs fois cet exercice qui sert à débloquer les tensions du thorax et donnez également au corps la possibilité d'assimiler davantage l'oxygène (en retenant le souffle).
(Exercice illustré ci-contre, en bas)

Assis ou debout, ou même en s'allongeant, dos bien droit, les mains le long du corps :

a. Inspirez profondément (dilatation : ventre, cage thoracique, haut du dos).

b. En expirant, levez le bras droit en passant par-devant et restez dans cette position 4 s.
c. Inspirez et soulevez le bras gauche pendant que le droit descend, jusqu'à ce que les deux bras se rencontrent à la hauteur des épaules (en avant). Arrêtez-vous 4 s dans cette position.
d. Continuez le mouvement par l'expiration, pendant que le bras gauche continue vers le haut et que le droit redescend près du corps. Arrêtez-vous 4 s. Continuez et répétez plusieurs fois.

Avec un bon entraînement et aussi une bonne capacité de dilatation de la cage thoracique, on peut soutenir un rythme de 8 s dans l'exécution de cet exercice (4 s pour respirer et 4 s d'interruption).

Cette respiration peut être faite même en marchant, au bureau ou durant une promenade quelconque.

Le traitement de décontraction à l'aide du massage ou de l'automassage est toujours conseillé, car une main attentive et délicate peut apporter de nombreux soulagements aux parties douloureuses de la nuque, du cou, des genoux, des chevilles ou des pieds. Le massage active une circulation lente, débloque les contractions articulaires (qui peuvent devenir chroniques à cause de postures erronées) et provoque une détente neuromusculaire.

✓ **Pour la décontraction de la nuque et du cou**

Assis à la table de travail :

a. Le dos appuyé, inclinez sans forcer la tête en avant et laissez la bouche à moitié ouverte, en décontraction totale. Après quelques secondes, par suite d'une traction naturelle sur la nuque, les muscles de cette dernière se relâchent et le cou s'allonge.

b. Balancez très lentement la tête vers la droite et la gauche de 4 à 6 fois.

c. Redressez lentement la tête et tournez doucement le menton « à droite en haut, à gauche en haut » en tâchant d'allonger le cou, comme si vous vouliez dessiner quelque chose avec le nez.

d. Suspendez les rotations et étirez la nuque en allongeant les vertèbres cervicales (ne soulevez pas le menton) jusqu'à sentir une tension derrière les oreilles qui confirme la juste position de la nuque (épaules baissées).

✓ **Stimulation et massage pour relaxer la tête et la nuque**

Assis à la table de travail :

a. Saisissez avec les mains des mèches de cheveux sur les 2 côtés de la tête et tirez délicatement. Étirez 3 ou 4 fois chaque mèche de façon à passer sur toute la tête, une main de chaque côté ou devant et derrière, ou en diagonale.

b. Du bout des doigts, massez la nuque et frictionnez-la en faisant de petits cercles comme pour faire pénétrer une lotion, en déplaçant les mains toutes les 4 s, pour arriver finalement aux tempes.

c. Sur les tempes, le massage friction doit être fait par un mouvement vertical « en haut en bas » en éloignant et en rapprochant les doigts des deux mains.

✓ Pour la décontraction du visage et des yeux

Assis à la table de travail :

a. Avec les coudes sur la table, appuyez du bout des doigts, en les élargissant, sur l'attache des cheveux, aux tempes, en poussant vers l'arrière, sans déplacer les doigts, pendant 6 s.

b. Lâchez prise et répétez de 6 à 8 fois, en déplaçant les doigts de quelques centimètres, depuis le milieu du front jusqu'aux oreilles.

✓ Pour prévenir la migraine due à la fatigue

Assis à la table de travail :

a. Toujours avec les coudes sur la table, tenez-vous le front avec les mains en forme de coupe et couvrez-vous les yeux avec les paumes. Les doigts d'une main s'appuient sur les doigts de l'autre et le poids de la tête est supporté entièrement par les mains. Respirez tranquillement par les narines, avec un souffle lent et profond. Et restez plusieurs minutes dans cette position.

Pour favoriser ce genre de relaxation, il faut imaginer que l'on est enroulé dans un tissu agréable qui recouvre entièrement les murs de la pièce : « la coupe des mains » qui renferme les yeux. Ne clignez pas des yeux et écoutez tranquillement votre propre respiration.

b. Puis enlever une main après l'autre. Rouvrez les yeux et recommencez à travailler. Outre le repos, cet exercice augmente l'efficacité.

Chez beaucoup d'individus, l'accumulation de la tension se manifeste par des migraines, des douleurs au cou et aux épaules, aggravées par les gestes répétitifs imposés par le travail, dans une position peu commode.

Les exercices qui suivent servent à diminuer la tension dans ces parties du corps qui reçoivent, par les mouvements imposés, un flux bienfaisant de sang (source indispensable et essentielle pour nourrir les tissus), tout en laissant libres et détendus les muscles intéressés.

✓ Contre les tensions et la raideur du cou et pour prévenir l'arthrose cervicale

Assis ou debout, choisir parmi ces exercices :

a. Très lentement, sans baisser la tête ni relever les épaules, tournez le menton vers la droite. Ne forcez pas la rotation de la tête si vous ressentez une douleur aux cervicales ou si la tension à la nuque augmente. Restez dans cette position 4 s puis recommencez à gauche. Effectuez au moins 4 mouvements complets.

b. Tournez très lentement le menton vers le sternum, puis vers le haut. Répétez ce mouvement toujours très lentement, au moins 4 fois.

c. Baissez la tête d'un côté (l'oreille sur l'épaule) puis par un passage très lent, sans repousser la nuque en arrière, baissez la tête de l'autre côté. Il ne faut pas forcer la flexion.

Les personnes qui souffrent de douleur à la nuque doivent s'aider (pour faciliter le mouvement et mieux décharger la tension de la nuque) en appuyant les pouces sur une table et en se soutenant le menton avec les pouces. Répéter ce mouvement de 6 à 8 fois.

Si, dans le courant de la journée, vous avez effectué les 3 exercices précédents, et si vous avez pris l'habitude de suivre ce genre de technique, vous pouvez faire, en laissant aller complètement la tête, l'exercice suivant.

✓ La rotation de la tête pour débloquer les contractions des épaules et du cou

Pour toutes les personnes dont l'activité demande un penchement de la tête en avant.

a. En tenant les épaules bien baissées et en allongeant la nuque, tournez le menton vers la droite. Arrêtez-vous 3 s.

b. Baissez le menton vers le sternum puis, en accomplissant un demi-cercle, tournez-le vers l'épaule gauche. Arrêtez-vous 3 s, répétez de 3 à 6 fois sans forcer, en baissant la tête, mais en la laissant tomber naturellement.

✓ Contre les tensions aux épaules

Rotations avec les bras relâchés. Debout.

a. Avec les bras relâchés le long du corps, faites pivoter les épaules « en avant, en haut, en arrière ». Répétez 3 fois.

b. Effectuez le même mouvement dans le sens opposé « en arrière, en haut, en avant ». 3 fois de suite, puis reposez-vous.

✓ Contre les tensions aux épaules

Rotations avec les bras fléchis. Debout.

a. En pliant les bras, avec les mains sur les épaules, dessinez avec les coudes, lentement, un large cercle (en avant, en haut, en arrière) pour toute la durée d'une inspiration.

b. Dessinez avec les coudes le même cercle dans le sens opposé (en arrière, en haut, en avant), puis expirez.

Répétez 5 fois l'ensemble *a* + *b*.

✓ Étirements du coude pour débloquer les épaules et le dos

a. Debout. En soulevant le bras gauche, fléchissez-le et mettez la main sur la nuque en tenant le coude levé. Sans incliner la tête, saisissez de la main droite le coude gauche et tirez-le vers la droite par 3 ou 6 petits mouvements oscillatoires. Les épaules restent larges et le bras qui exerce l'étirement ne doit pas s'appuyer sur la tête.

b. Laissez retomber les bras le long du corps et respirez 2 fois profondément. Changez de bras et répétez à partir du point *a*.

✓ **Pour améliorer le tonus musculaire du thorax et des bras, et pour débloquer les points de tension de la nuque et des épaules à la fin d'une journée de travail**

a +b. Levez les bras latéralement jusqu'à la hauteur des épaules (a + b = inspirer en 6-8 s). Ne levez pas les paumes.

c. Sans tourner les paumes, écartez les bras.

d. En tournant les paumes vers le sol, baissez les bras (c + d = expirer en 6-8 s).

Répétez une dizaine de fois.

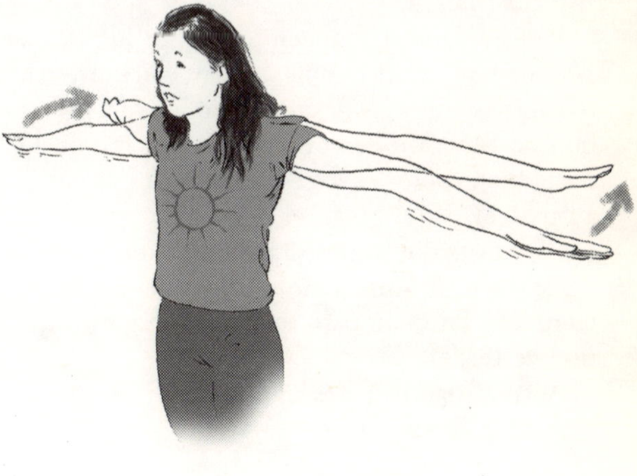

Cet exercice peut être effectué en restant assis, debout, ou en marchant de préférence en plein air.

Il est recommandé de bouger les extrémités inférieures pour éviter une stase ou un ralentissement de la circulation veineuse, et réactiver celle des artères. L'exercice de la bicyclette que l'on peut pratiquer au bureau peut donner du tonus aux muscles abdominaux et rétablir par le mouvement une circulation que la vie sédentaire a rendue défectueuse.

Stratégie 7 : Tonifier sa posture

✓ La chaise

Position : assis le dos contre un mur (de 10 s à 1 min, ou plusieurs minutes suivant votre niveau).

Faites ensuite des flexions complètes (5, 10 ou plus en fonction de votre niveau) en restant le buste bien droit (les fesses ne doivent pas partir à l'arrière).

Pour ceux qui sont déjà en bonne forme physique, lorsque vous remontez lors de la flexion complète, faites un petit saut vers le haut (élévation verticale).

Autre variante : faites les sauts en flexion complète vers l'avant.

Enchaînez avec des pompes

Position : en appui sur les bras tendus, le corps est droit (comme lorsque nous sommes debout) dans la position de placement de bassin, les fesses serrées, le ventre rentré.

Fléchissez sur les bras. Le corps doit rester droit.

Pour exécuter ces pompes, modifiez les positions des mains : les mains en avant des épaules, les deux mains rapprochées ; les mains au niveau des épaules plus ou moins écartées du corps ; les mains en arrière des épaules.

Une variante : faites les pompes en appui sur les genoux au lieu des pointes des pieds.

Stratégie 8 : Libérer le ventre

Quand un repas pris trop vite ou les tensions du début de journée provoquent douleurs de ventre, constipation… une solution : les étirements latéraux pour favoriser le transit.[17]

✓ L'enchaînement d'étirements

Partez sur le côté gauche, la tête entre les bras comme un plongeur, les genoux remontés vers la poitrine. Ne vous tassez pas, éloignez la poitrine du pubis. Arrondissez votre dos sans que ça ne vienne d'une contraction des abdominaux. Contractez le périnée. Respirez quelques instants puis ramenez les pieds vers les fesses, sans laisser cambrer, c'est-à-dire en tirant très fort le périnée. Ça peut tirer un peu dans le haut des cuisses.

Quand vous ne pouvez plus continuer sans entraîner le bassin et donc cambrer, allongez les jambes en dépliant les genoux. Les pieds glissent comme le long d'un mur, dans le prolongement du dos (il ne faut pas que vos pieds reviennent en avant). Vous devez toujours maintenir fermement le bassin par le périnée, ça doit tirer dans le haut des cuisses.

Quand vous êtes totalement allongé sur « la tranche » par un mouvement qui vient de la taille, ramenez le bassin et la taille au sol, en laissant toujours la tête entre les bras. Puis posez le

---

17. B. De Gasquet, J.-D. Pourroy, P. Roux, G. Valancogne, A. Watier, *Constipations solutions*, Paris, Jauze, 2001.

haut du dos et la tête. Vous devez vous trouver en arc de cercle, les épaules décalées par rapport au bassin. Ne ramenez pas dans l'axe. Respirez en dilatant bien le côté étiré.

Vous pouvez rajouter une fausse inspiration de temps en temps, si ça tire particulièrement. Faites ensuite l'autre côté.

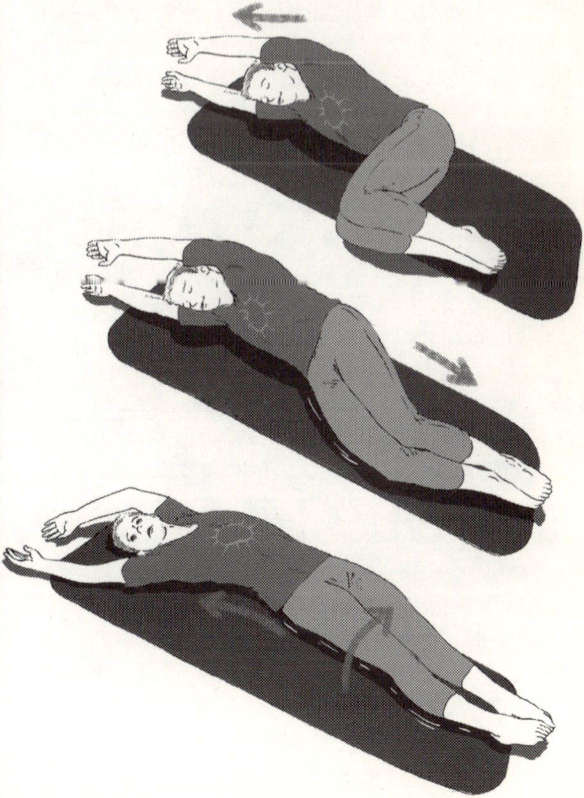

✓ Le grand étirement latéral

Le grand étirement latéral est une posture plus délicate, mais l'étirement est au maximum.

Allongé sur le dos, les jambes allongées sans cambrer ni tasser, bras en croix, écartez la cuisse gauche du bassin en gardant bien les orteils dirigés vers le plafond (ne laissez pas tourner votre jambe vers l'extérieur et le pied vers le sol). Vous devez sentir une butée, arriver à une limite dans l'articulation de la hanche. Ramenez l'autre cuisse contre celle-ci ou presque, toujours orteils vers le plafond. Puis glissez très légèrement les fesses vers la gauche, en soulevant le bassin très peu, juste pour pouvoir glisser.

Recommencez à écarter la cuisse gauche vers la gauche, ramenez la droite au plus près de la gauche, glissez le bassin. Et ainsi de suite tant que la poitrine et les épaules ne bougent pas. Il est très difficile de ne pas cambrer.

Si vous avez mal au bas du dos, pliez le genou gauche et posez le pied gauche à plat, ce qui vous permettra de décambrer. Arrivé au maximum de l'étirement du flanc droit, ramenez le bras droit le long de l'oreille droite. Respirez un moment, puis revenez et faites l'autre coté.

✓ Posture des poings ou des balles

Départ, assis sur les talons ou à la limite sur une chaise. Placez les poings fermés juste devant les ailes iliaques, dans le creux de la taille. Puis penchez le buste sur les cuisses, dos étiré et non arrondi. Vous écrasez vos poings, mais ils sont

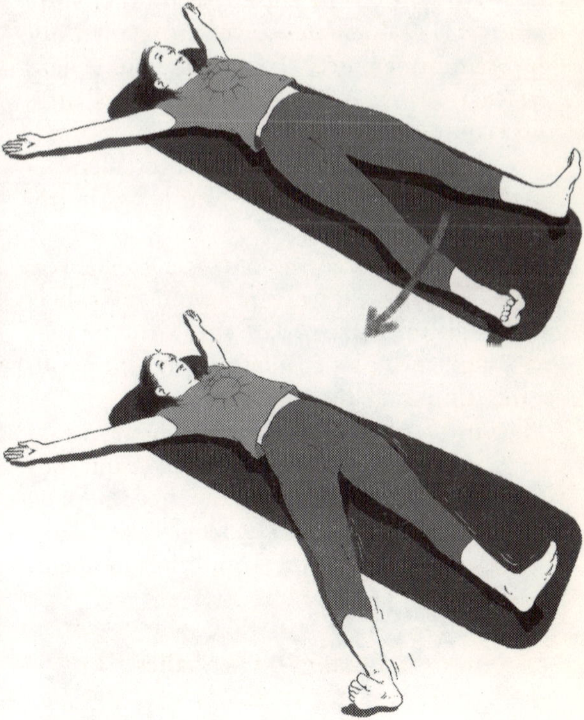

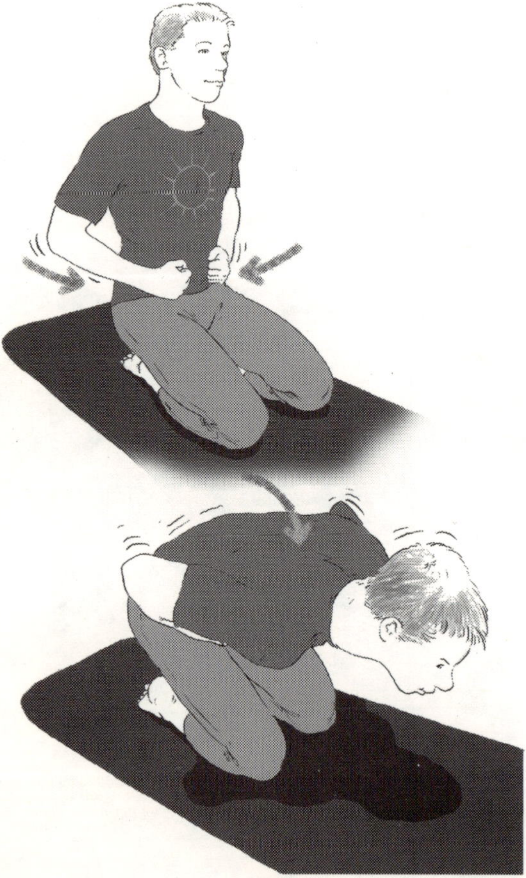

dans du mou, dans le ventre, au niveau des angles coliques.

Respirez en insistant sur l'inspiration, en ouvrant les narines pour faire entrer l'air. Le ventre doit gonfler, sans que ce soit une poussée. Vous sentez l'appui contre les poings plus fort. Vous sentez aussi le dos qui respire, au niveau des reins.

Il est possible de remplacer les poings par des balles plus grosses que des balles de tennis, presque des petits ballons.

✓ Torsion assise

Assis au sol, la jambe gauche allongée devant vous (ou, si vous avez trop de mal à vous redresser, fléchie, talon près de la fesse droite). Posez le pied droit contre le genou gauche, redressez bien le dos à l'aide de la main droite qui repousse le sol.

En expirant, venez placer le ventre contre la cuisse et glissez le bras gauche à l'extérieur du genou droit.

Progressivement, à chaque expiration, faites tourner votre buste vers la droite, depuis le bas du ventre jusqu'à la poitrine, en terminant par la tête. Vous regardez donc vers la droite en arrière. Respirez en dilatant les narines, si vous le pouvez. La respiration est spontanément abdominale. Le fait de dilater les narines accentue le mouvement. Vous sentirez le côté gauche de l'abdomen massé par la respiration et comprimé par la cuisse droite. Faites une dizaine de respirations, puis relâchez la posture et recommencez de l'autre côté.

✓ **Torsion couchée**

Couché sur le côté droit, ramenez les cuisses vers le ventre, la tête entre les bras. Puis glissez l'épaule droite vers la droite sur le sol et faites un grand cercle avec le bras gauche, derrière la tête. Il faut parfois glisser encore l'épaule droite plus vers la droite pour pouvoir être dans l'axe et bien poser le haut du dos au sol. Gardez bien les genoux remontés afin de ne pas cambrer. La tête suit le mouvement du bras gauche, vous regardez vers la gauche.

C'est un bon exercice pour le haut du dos, les épaules, les sensations d'oppression dans la poitrine. Mais si vous avez des douleurs au niveau des épaules, si vous êtes très raide, il faudra peut-être un coussin sous le bras gauche, pour ne pas tirer l'épaule dans le vide. Vous devez être confortable et rester plusieurs respirations, qui seront spontanément abdominales.

Faites l'autre côté de la même manière.

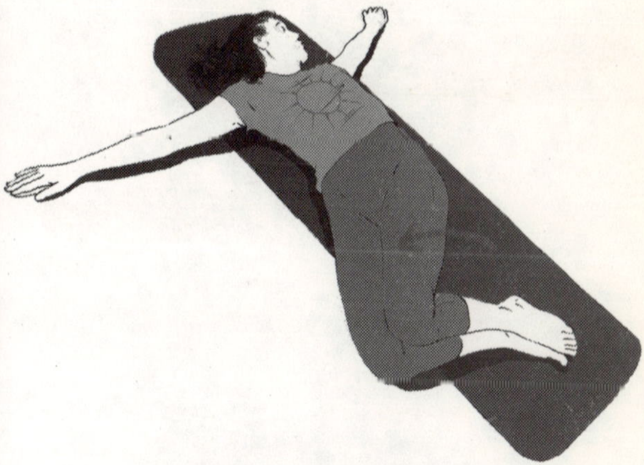

✓ Étirement latéral debout

Debout, bien fixé au sol, pieds écartés de la largeur du bassin, levez les bras au-dessus de la tête, doigts croisés. Il faut bien pousser vos fesses vers l'avant pour ne pas cambrer en levant les bras.

Poussez les mains vers le haut et vers la droite, le plus loin possible, pour étirer votre côté gauche en expirant. Puis faites la même chose vers la droite. Recommencez 3 fois de chaque côté.

✓ Ouverture

Debout, même position de départ, bras tendus en croix à la hauteur des épaules, tournez le buste vers la gauche, le plus loin possible, en gardant le bassin de face. C'est au niveau des dernières côtes que vous devez sentir la torsion et non à la taille. Tournez de l'autre côté, ainsi de suite, 3 fois.

✓ Étirement latéral du côlon

Départ fesses sur les talons, main le plus loin possible devant. Dépliez-vous en tirant les talons vers le sol, le corps en planche, pieds écartés de la largeur du bassin. Ne cambrez pas.

Sans laisser votre planche s'effondrer, regardez par-dessus votre épaule vers le pied gauche, puis vers le droit, en poussant bien les talons vers le sol. Cela va étirer et masser le côlon. 3 fois de chaque côté.

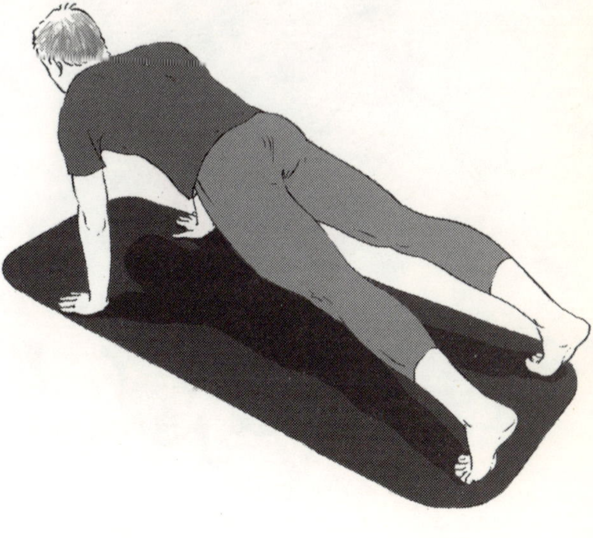

✓ **La torsion appuyée**

Le but est de comprimer le côlon avec la cuisse.

Départ un genou gauche au sol. Ramenez la cuisse droite contre le ventre, pied droit au sol, sur la pointe des orteils. Le bras gauche enlace la cuisse. Plaquez-la fortement contre le ventre. Respirez 2 ou 3 fois puis changez de côté.

CHAPITRE VI

Les stratégies dynamisantes

Stratégie 1 : Footing

Ne cherchez pas à aller vite. Faites de petites foulées. Essayez de trouver des sensations, une aisance dans le mouvement, de la facilité dans la coordination.

Pendant 2 min, prenez vos repères en fonction de votre état du jour (fatigue, tensions psychiques, préoccupations…), des conditions (chaleur, froid), du terrain (plat, vallonné, dur, boueux).

Pendant 2 min, prenez soin de votre appui au sol, faites bien travailler vos articulations des chevilles. Sentez vos appuis au sol ainsi que l'énergie transmise par vos pieds à vos jambes. Sentez le placement de votre bassin.[18]

Relâchez vos épaules, laissez libres vos bras en coordonnant vos mouvements avec votre respiration.

---

18. Jean-Paul Pes, *Gérer ses performances*, éd. citée.

Pendant 3 min, à volonté, accélérez la vitesse de vos appuis sans trop accélérer votre vitesse de course (cela vous oblige à réduire votre foulée).

Prenez, pendant 1 min, la foulée qui vous semble la plus adaptée, à l'allure que vous souhaitez.

Stratégie 2 : Sauts jambes tendues (JT)

Sur des escaliers, sautez jambes tendues les pieds serrés (JT) de marche en marche. Faites un arrêt à chaque saut (JT aA).

Votre bassin ne doit pas bouger. Il reste placé.

Redescendez en marchant, remontez le même nombre de marches en courant dynamiquement, en mettant un pied sur chaque marche. Redescendez en marchant, remontez en courant en montées de genoux, un pied sur chaque marche. Redescendez en marchant, remontez le même nombre de marches en courant le plus vite possible, en mettant un pied sur chaque marche.

Récupérez.

Sur des escaliers, sautez jambes tendues les pieds serrés (JT) de marche en marche, enchaînez les sauts sans arrêt (JT sA).

Votre bassin ne doit pas bouger, il reste placé.

Redescendez en marchant, remontez le même nombre de marches en courant dynamiquement, en mettant un pied sur chaque marche. Redescendez en marchant, remontez en courant en montées de genoux, un pied sur chaque marche. Redescendez en marchant, remontez le même nombre de marches en courant le plus vite possible, en mettant un pied sur chaque marche.

Stratégie 3 : Sauts demi-flexions (1/2 Fl)

Sur des escaliers, sautez en vous fléchissant sur les jambes de manière à rester le buste droit, le bassin placé (1/2 Fl). Faites un arrêt à chaque saut. Choisissez le nombre de marches qui vous convient, 1 par 1, 2 par 2… (1/2 Fl aA).

Votre bassin ne doit pas bouger, il reste placé.

Redescendez en marchant, remontez le même nombre de marches en courant dynamiquement, en mettant un pied sur chaque marche. Redescendez en marchant, remontez en courant en montées de genoux, un pied sur chaque marche. Redescendez en marchant, remontez le même nombre de marches en courant le plus vite possible, en mettant un pied sur chaque marche.

Récupérez.

Sur des escaliers, sautez en vous fléchissant sur les jambes de manière à rester le buste droit, le bassin placé (1/2 Fl). Enchaînez les sauts sans arrêt. Choisissez le nombre de marches qui vous convient, 1 par 1, 2 par 2… (1/2 Fl sA).

Votre bassin ne doit pas bouger, il reste placé.

Redescendez en marchant, remontez le même nombre de marches en courant dynamiquement, en mettant un pied sur chaque marche. Redescendez en marchant, remontez en courant en montées de genoux, un pied sur chaque marche. Redescendez en marchant, remontez le même nombre de marches en courant le plus vite possible, en mettant un pied sur chaque marche.

Stratégie 4 :
Sauts flexions complètes (FlC)

Sur des escaliers, sautez en vous fléchissant sur les jambes le plus bas possible de manière à rester le buste droit, le bassin placé (FlC). Faites un arrêt à chaque saut. Choisissez le nombre de marches qui vous convient, 1 par 1, 2 par 2... (FlC aA).

Votre bassin ne doit pas bouger, il reste placé.

Redescendez en marchant, remontez le même nombre de marches en courant dynamiquement, en mettant un pied sur chaque marche. Redescendez en marchant, remontez en courant en montées de genoux, un pied sur chaque marche. Redescendez en marchant, remontez le même nombre de marches en courant le plus vite possible, en mettant un pied sur chaque marche.

Récupérez.

Sur des escaliers, sautez en vous fléchissant sur les jambes le plus bas possible de manière à rester le buste droit, le bassin placé (FlC). Enchaînez les sauts sans arrêt. Choisissez le nombre de marches qui vous convient, 1 par 1, 2 par 2… (FlC sA).

Votre bassin ne doit pas bouger, il reste placé.

Redescendez en marchant, remontez le même nombre de marches en courant dynamiquement, en mettant un pied sur chaque marche. Redescendez en marchant, remontez en courant en montées de genoux, un pied sur chaque marche. Redescendez en marchant, remontez le même nombre de marches en courant le plus vite possible, en mettant un pied sur chaque marche.

Stratégie 5 :
Sauts mixtes avec arrêt

Sur des escaliers, sautez en vous fléchissant sur les jambes le plus bas possible de manière à rester le buste droit, le bassin placé (FlC), faites un arrêt à chaque saut. Choisissez le nombre de marches qui vous convient, 1 par 1, 2 par 2…

Votre bassin ne doit pas bouger, il reste placé.

Redescendez en marchant, remontez le même nombre de marches en courant dynamiquement, en mettant un pied sur chaque marche. Redescendez en marchant, remontez en courant en montées de genoux, un pied sur chaque marche. Redescendez en marchant, remontez le même nombre de marches en courant le plus vite possible, en mettant un pied sur chaque marche.

Récupérez.

Sur des escaliers, sautez en vous fléchissant sur les jambes de manière à rester le buste droit, le bassin placé (1/2 Fl), faites un arrêt à chaque saut. Choisissez le nombre de marches qui vous convient, 1 par 1, 2 par 2…

Votre bassin ne doit pas bouger, il reste placé.

Redescendez en marchant, remontez le même nombre de marches en courant dynamiquement, en mettant un pied sur chaque marche. Redescendez en marchant, remontez en courant en montées de genoux, un pied sur chaque marche. Redescendez en marchant, remontez le même nombre de marches en courant le plus vite possible, en mettant un pied sur chaque marche.

Récupérez.

Sur des escaliers, sautez jambes tendues les pieds serrés (JT) de marche en marche, faites un arrêt à chaque saut.

Votre bassin ne doit pas bouger, il reste placé.

Redescendez en marchant, remontez le même nombre de marches en courant dynamiquement, en mettant un pied sur chaque marche. Redescendez en marchant, remontez en courant en montées de genoux, un pied sur chaque marche. Redescendez en marchant, remontez le même nombre de marches en courant le plus vite possible, en mettant un pied sur chaque marche.

Stratégie 6 :
Sauts mixtes sans arrêt

Sur des escaliers, sautez jambes tendues les pieds serrés (JT) de marche en marche, enchaînez les sauts sans arrêt (JT sA).

Votre bassin ne doit pas bouger, il reste placé.

Redescendez en marchant, remontez le même nombre de marches en courant dynamiquement en mettant un pied sur chaque marche. Redescendez en marchant, remontez en courant en montées de genoux, un pied sur chaque marche. Redescendez en marchant, remontez le même nombre de marches en courant le plus vite possible, en mettant un pied sur chaque marche.

Récupérez.

Sur des escaliers, sautez en vous fléchissant sur les jambes de manière à rester le buste droit, le bassin placé (1/2 Fl). Enchaînez les sauts sans arrêt. Choisissez le nombre de marches qui vous convient, 1 par 1, 2 par 2… (1/2 Fl sA).

Votre bassin ne doit pas bouger, il reste placé.

Redescendez en marchant, remontez le même nombre de marches en courant dynamiquement en mettant un pied sur chaque marche. Redescendez en marchant, remontez en courant en montées de genoux, un pied sur chaque marche. Redescendez en marchant, remontez le même nombre de marches en courant le plus vite possible, en mettant un pied sur chaque marche.

Récupérez.

Sur des escaliers, sautez en vous fléchissant sur les jambes le plus bas possible de manière à rester le buste droit, le bassin placé (FlC). Enchaînez les sauts sans arrêt. Choisissez le nombre de marches qui vous convient, 1 par 1, 2 par 2... (FlC sA).

Votre bassin ne doit pas bouger, il reste placé.

Redescendez en marchant, remontez le même nombre de marches en courant dynamiquement en mettant un pied sur chaque marche. Redescendez en marchant, remontez en courant en montées de genoux, un pied sur chaque marche. Redescendez en marchant, remontez le même nombre de marches en courant le plus vite possible, en mettant un pied sur chaque marche.

Stratégie 7 : Sauts mixtes avec arrêt sur une distance

Les distances ne sont que des indications que vous adapterez, dans l'esprit, en fonction de votre niveau. Les sauts seront idéalement réalisés sur des tapis de sol ou une pelouse.

Sur 5 mètres, sautez en vous fléchissant sur les jambes le plus bas possible de manière à rester le buste droit, le bassin placé (FlC), faites un arrêt à chaque saut.

Votre bassin ne doit pas bouger, il reste placé.

Revenez en marchant, parcourez la même distance en courant en montées de genoux.

Revenez en marchant, parcourez la même distance en courant le plus vite possible, en petites foulées.

Récupérez.

Sur 10 mètres, sautez en vous fléchissant sur les jambes de manière à rester le buste droit, le bassin placé (1/2 Fl), faites un arrêt à chaque saut.

Votre bassin ne doit pas bouger, il reste placé.

Revenez en marchant, parcourez la même distance en courant en montées de genoux. Revenez en marchant, parcourez la même distance en courant le plus vite possible, en petites foulées.

Récupérez.

Sur 20 mètres, sautez jambes tendues les pieds serrés (JT), faites un arrêt à chaque saut.

Votre bassin ne doit pas bouger, il reste placé.

Revenez en marchant, parcourez la même distance en courant en montées de genoux. Revenez en marchant, parcourez la même distance en courant le plus vite possible, en petites foulées.

Stratégie 8 : Sauts mixtes sans arrêt sur une distance

Les distances ne sont que des indications et vous adapterez, dans l'esprit, en fonction de votre niveau.

Les sauts seront idéalement réalisés sur des tapis de sol ou une pelouse.

Sur 5 mètres, sautez en vous fléchissant sur les jambes le plus bas possible de manière à rester le buste droit, le bassin placé (FlC). Enchaînez les sauts sans arrêt.

Votre bassin ne doit pas bouger, il reste placé.

Revenez en marchant, parcourez la même distance en courant en montées de genoux. Revenez en marchant, parcourez la même distance en courant le plus vite possible, en petites foulées.

Récupérez.

Sur 10 mètres, sautez en vous fléchissant sur les jambes de manière à rester le buste droit, le bassin placé (1/2 Fl). Enchaînez les sauts sans arrêt.

Votre bassin ne doit pas bouger, il reste placé. Revenez en marchant, parcourez la même distance en courant en montées de genoux. Revenez en marchant, parcourez la même distance en courant le plus vite possible, en petites foulées.

Récupérez.

Sur 20 mètres, sautez jambes tendues les pieds serrés (JT). Enchaînez les sauts sans arrêt.

Votre bassin ne doit pas bouger, il reste placé.

Revenez en marchant, parcourez la même distance en courant en montées de genoux. Revenez en marchant, parcourez la même distance en courant le plus vite possible, en petites foulées.

CHAPITRE VII

Les stratégies hors du temps

Il s'agit de stratégies pendant lesquelles nous ne mettrons pas notre corps en mouvement, où nous adopterons des postures. Vous choisirez en fonction de votre vécu et de votre culture les différentes propositions. Insérée dans notre vie trépidante, rythmée, bruyante, chaque proposition est un moment d'écoute où nous prenons conscience de notre unité corporelle et spirituelle. Ces stratégies sont hors du temps, car c'est le moment où le 8 se couche pour devenir l'infini.

✓ **Allongez sur le dos**, sur un tapis ni trop mou ni trop dur, décroisez les bras et les jambes. Laissez-vous bercer par le rythme de votre respiration qui devient calme, profonde et régulière. Prenez conscience des belles images du monde que vous laissez défiler.

✓ **Si vous savez faire de la méditation**, prenez la posture que vous préférez et méditez.

✓ **Si vous êtes un adepte du yoga**, prenez des postures adaptées à ce moment.

✓ **Pour les pratiquants d'une religion**, prenez votre livre saint, lisez un passage, puis installez-vous confortablement pour vous imprégner et prendre conscience de ces paroles.

✓ **Si vous n'êtes pas croyant**, prenez un beau livre que vous aimez (poèmes ou beaux textes). Après l'avoir lu, laissez-vous bercer par ces images.

✓ **Pour les croyants**, prenez une posture qui convient à l'écoute de Dieu et priez. Non pas pour vous donner bonne conscience, mais pour ouvrir votre conscience.

✓ **Assis confortablement**, prenez conscience que nous voyons trop souvent les choses plus négatives qu'elles ne le sont. Nul ne connaît l'avenir. La vie nous présente des problèmes pour que nous développions nos potentialités. Ne manquons pas d'espérance.

✓ **Assis confortablement**, prenez conscience que chaque être est unique. Que ce qui apparaît de vous n'est pas une façade créée artificiellement, mais l'émergence d'une vie intérieure, celle qui rend véritablement heureux.

Conclusion

Nous avons débuté notre ouvrage ainsi : en général, nous reconnaissons rapidement si notre interlocuteur est en forme ou non. Pour déterminer cet état, nous décrivons un certain nombre de critères : dynamisme, entrain…

Maintenant, vous comprendrez mieux une autre assertion : « Il dégage quelque chose. » Être en forme n'est-ce pas cela : la capacité à dégager quelque chose ? Et c'est parce que je dégage ce quelque chose qui est de l'énergie physique et psychique que je peux avoir de l'entrain, être dynamique…

Cette énergie, je peux la créer, l'auto-entretenir, la restaurer, par une prise de conscience de mon unité corps et esprit, par une compréhension du sens de la vie, entretenue par des moments certes courts – 8 minutes – mais néanmoins efficaces, car ils remontent aux sources des lois naturelles du corps et de l'esprit. Trop souvent, tout doit être mesuré avec une infime précision. Pour une vision quantitative, 8 minutes sont trop peu. Pour celui qui les vit qualitativement, cela est beaucoup.

Le chiffre 8 est reconnu dans notre histoire culturelle comme le signe de la spiritualité. Progresser par des stratégies, n'est-ce pas débuter par 8 minutes de gymnastique du corps et de l'esprit pour accéder à 8 minutes spirituelles ? En effet, effectuer un travail sur soi n'est-ce pas reconnaître que nous ne sommes pas des machines perfectionnées mais une unité physique, psychique et spirituelle ? En fait, nous découvrons un corps humain, à la fois vivant, sentant et pensant.[19]

Les exercices ne sont pas à étudier ou à réaliser par un corps simple machine mais par un être vivant, c'est-à-dire corps et esprit. La forme est ce qui détermine une matière donnée. Dans cette idée, n'oublions pas, selon Aristote, que l'âme est la forme du corps...[20]

Alors, si après une première étape qui est un questionnement[21], nous passons à une seconde pour débuter dans l'unité, ne serons-nous pas prêts à accéder à la troisième étape, celle qui nous fait entrer dans une démarche spirituelle ?[22]

---

19. J. Daujat, *Psychologie contemporaine et pensée chrétienne*, Paris, Téqui, 1976.
20. Aristote, *De l'âme*, II, 414 a.
21. J.-P. Pes, *Être tonique*, éd. citée.
22. Pourquoi pas les exercices spirituels de saint Ignace ? (Saint Ignace de Loyola, *Exercices spirituels*, Flavigny-sur-Ozerain, Éditions Traditions monastiques, 2000)

Vivrons-nous cette expérience, celle de la vie où un simple 8 qui, lorsqu'il se couche, devient l'infini ?

Mettre en place des stratégies n'est pas réservé à un petit groupe d'élu, ce qui pourrait être le cas pour une pensée matérialiste prédéterminée. Prenons garde aux prévisions déterministes !

Pour nous, chacun pourra trouver de quoi s'abreuver en pensant à la très belle parole de saint Augustin :

« Dans le ruisseau, à la source s'abreuvent aussi bien le petit lapin que le grand onagre, et l'un comme l'autre est désaltéré. Chacun boit et obtient ce qui apaise sa soif. »[23]

---

23. J. Ratzinger, *Voici quel est notre Dieu*, Paris, Plon, 2001.

Du *même auteur*
aux Éditions Jouvence...

➤ Être tonique

Jean-Paul Pes

Comment être toujours en pleine forme, dynamique, motivé ? Où puiser cette énergie débordante appelée « tonus » ? Et comment le préserver ? Réponse : au moyen d'une coordination corps-esprit et d'exercices proposés dans ce livre.

96 pages, 4,90 € / 9 CHF

➤ Gérer ses performances

Jean-Paul Pes

Fort de son expérience professionnelle de haut niveau, l'auteur nous explique de façon simple les moyens à notre disposition pour améliorer notre endurance.
Avec de nombreux exercices.

96 pages, 4,90 € / 9 CHF

➤ Se régénérer le corps et l'esprit

Jean-Paul Pes

Dans une société où il faut toujours être performant, le stress nous envahit. Aussi, Jean-Paul Pes nous oriente-t-il vers l'éveil sensoriel et la maîtrise du temps, pour contrôler nos actions et réactions, donc pour nous régénérer.

96 pages, 4,90 € / 9 CHF

➤ L'écoute

David Feldman & Jean-Paul Pes

Sait-on aujourd'hui vraiment communiquer ? Malgré les progrès en téléphonie, l'installation de réseaux et une ouverture sur le monde de plus en plus grande, on en oublie parfois l'essentiel : une vraie relation fondée sur l'accueil et l'écoute…

128 pages, 8,50 € / 14 CHF

Dumas-Titoulet Imprimeurs
42004 Saint-Etienne
Dépôt légal : mai 2005
N° d'imprimeur : 42425 C

Imprimé en France